dibistan - skola	2
rêwêtî - resa	5
guhaztin - transport	8
bajar - stad	10
tebîet - landskap	14
xwaringeh - restaurang	17
bazar - stormarknad	20
vexwarinan - drycker	22
xwarin - mat	23
cotgeh - bondgård	27
xanî - hus	31
oda rûniştinê - vardagsrum	33
metbex - kök	35
hemam - badrum	38
odeya zarok - barnrum	42
kinc - kläder	44
ofîs - kontor	49
aborî - ekonomi	51
profesyon - yrken	53
amûran - verktyg	56
amûrên mûzîkê - musikinstrument	57
baxça heywanan - zoo	59
werziş - sport	62
çalakiyan - aktiviteter	63
malbat - familj	67
beden - kropp	68
nexweşxane - sjukhus	72
acîlîyet - nödsituation	76
erd - Jorden	77
saet - klocka	79
hefte - vecka	80
sal - år	81
şêwe - former	83
rengan - färger	84
beramberan - motsatser	85
hejmaran - siffror	88
zimanan - språk	90
kî /çi / çawa - vem / vad / hur	91
kû - var	92

Impressum
Verlag: BABADADA GmbH, Nedderfeld 112 , 22529 Hamburg
Geschäftsführer / Verlagsleitung: Harald Hof
Druck: Books on Demand GmbH, In de Tarpen 42, 22848 Norderstedt

Imprint
Publisher: BABADADA GmbH, Nedderfeld 112 , 22529 Hamburg, Germany
Managing Director / Publishing direction: Harald Hof
Print: Books on Demand GmbH, In de Tarpen 42, 22848 Norderstedt, Germany

dibistan
skola

- parkirin / dividera
- texte / tavla
- sef / klassrum
- mamoste / lärare
- hewşa dibistanê / skolgård
- kaxez / papper
- nivîsandin / skriva
- pênivîsk / penna
- mase / skrivbord
- rastek / linjal
- pirtûk / bok
- xwend / elev

çewal
skolväska

qûtî nivîstok
pennfodral

qelemrisas
blyertspenna

nivîstok tûjkir
pennvässare

jêbir
suddgummi

ferhenga dîtbarî
bildordbok

 nivîska nîgarê ritblock	 nîgar teckning	 firçeya rengê pensel
 qûtî reng målarlåda	 meqes sax	 lezaq lim
 pirtûka fêrbûn övningsbok	 wezîfa malê hemläxa	 hejmar tal
 zêdekirin addera	 derxistin subtrahera	 zêdekirin multiplicera
 hesibandin räkna	 tîp bokstav	 alfabe alfabet

dibistan - skola

peyv
ord

nivîsê
text

xwandin
läsa

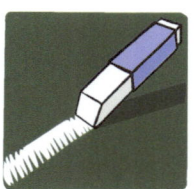
geç
krita

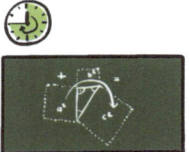
ders
lektion

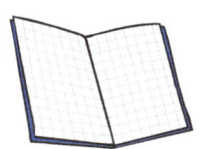
qeydkirin
register

îmtîhan
prov

şehade
intyg

kinca dibistanê
skoluniform

perwerdehî
utbildning

zanistname
uppslagsverk

zanîngeh
universitet

mîkroskûp
mikroskop

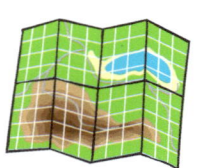
xerîte
karta

sepeta kaxezê
papperskorg

dibistan - skola

rêwêtî

resa

mêvanxane
hotell
Grand
mêvanxane
vandrarhem
ROOMS
ofîsa pere veguhartinê
växelkontor
cente
resväska
maşîn
bil

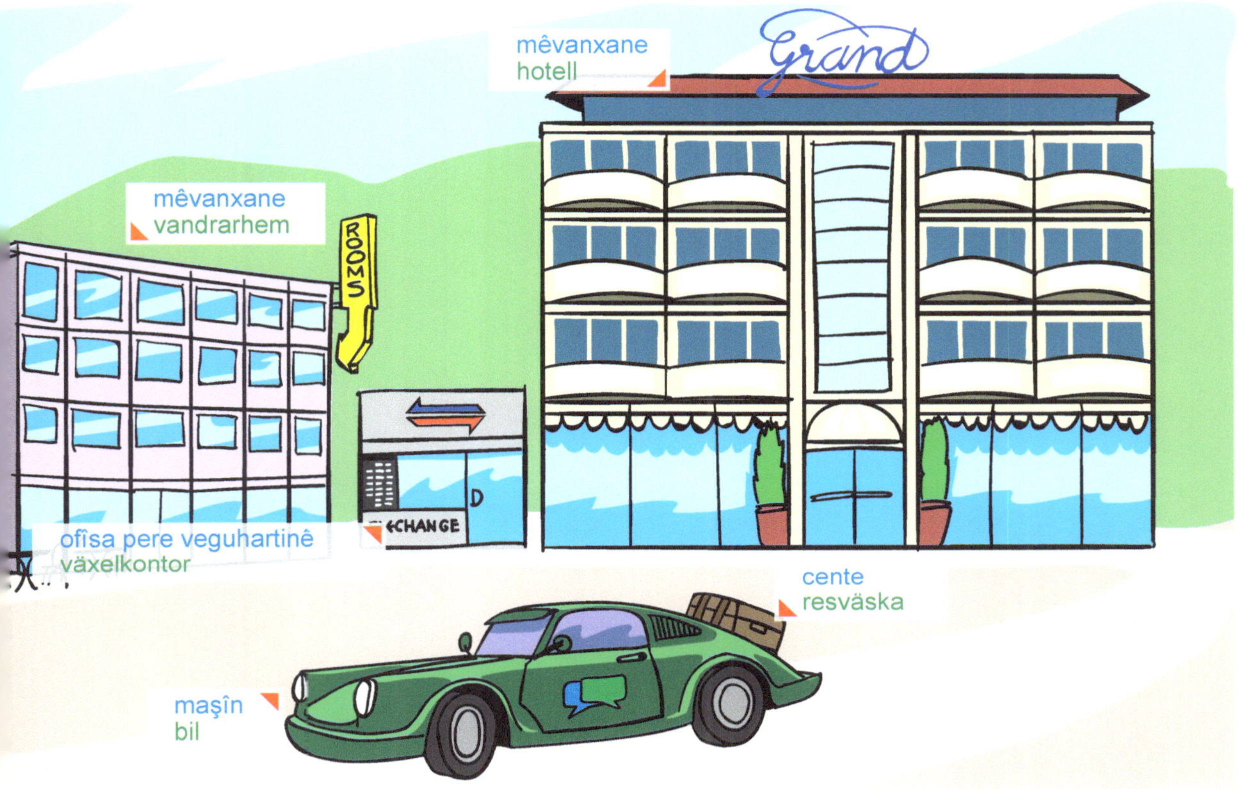

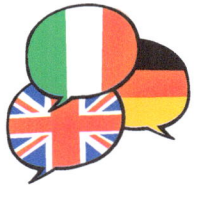

ziman

språk

belê / na

ja / nej

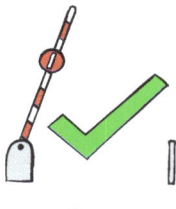

baş

Okay

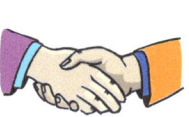

silav

hej

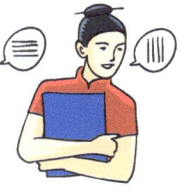

wergêra nivîskî

översättare

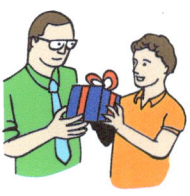

sipas

Tack

bihayê … çi qase?

hur mycket kostar…?

ez fam nakim

jag förstår inte

pirsgirêk

problem

êvarbaş!

God kväll!

beyanî baş!

God morgon!

şev baş!

God natt!

xatirê te

hejdå

alî

riktning

hûrmûr

bagage

çente

väska

çente pişt

ryggsäck

mêvan

gäst

ode

rum

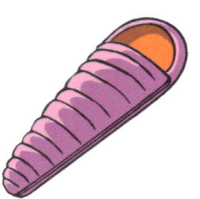

came xew

sovsäck

çadir

tält

rêwêtî - resa

agagiyên gerokan
turistinformation

rexê avê
strand

kartê qerzê
kreditkort

taştê
frukost

firavîn
lunch

şîv
middag

kart
biljett

asansor
hiss

pûl
frimärke

tixûb
gräns

gumirk
tull

balyozxane
ambassad

vîza
visum

pasaport
pass

rêwêtî - resa

7

guhaztin
transport

firoke / flygplan
gemî / fartyg
erebe agirkûj / brandbil
otobûs / buss
kamyon / lastbil
papora matorê / motorbåt
maşîn / bil
duçerxe / cykel

papor

färja

papor

båt

motorsîklêt

motorcykel

trimbêla polîsê

polisbil

trimbêla pêşbaziyê

racerbil

erebe kirêkirinê

hyrbil

maşîn pervekirin | kamyona kişandinê | kamyona xwelî
bilpool | bärgningsbil | sopbil

motorsîklêt | mazot | îstegeha benzînê
motor | bränsle | bensinstation

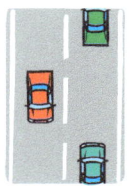

tabloya tirafîkê | hatinûçûn | tirafîk
vägmärke | trafik | bilkö

cihê parkê | rawesteka trênê | rêç
parkeringsplats | tågstation | räls

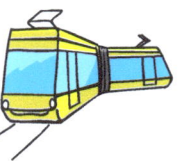

trên | trênê kolanê | erebe
tåg | spårvagn | vagn

guhaztin - transport

babirok
helikopter

balafirgeh
flygplats

birc
torn

misafir
passagerare

qûtî
container

qûtî
kartong

girgirok
vagn

selik
korg

rabûn / nîştin
starta / landa

bajar
stad

gund
by

navenda bajarê
centrum

xanî
hus

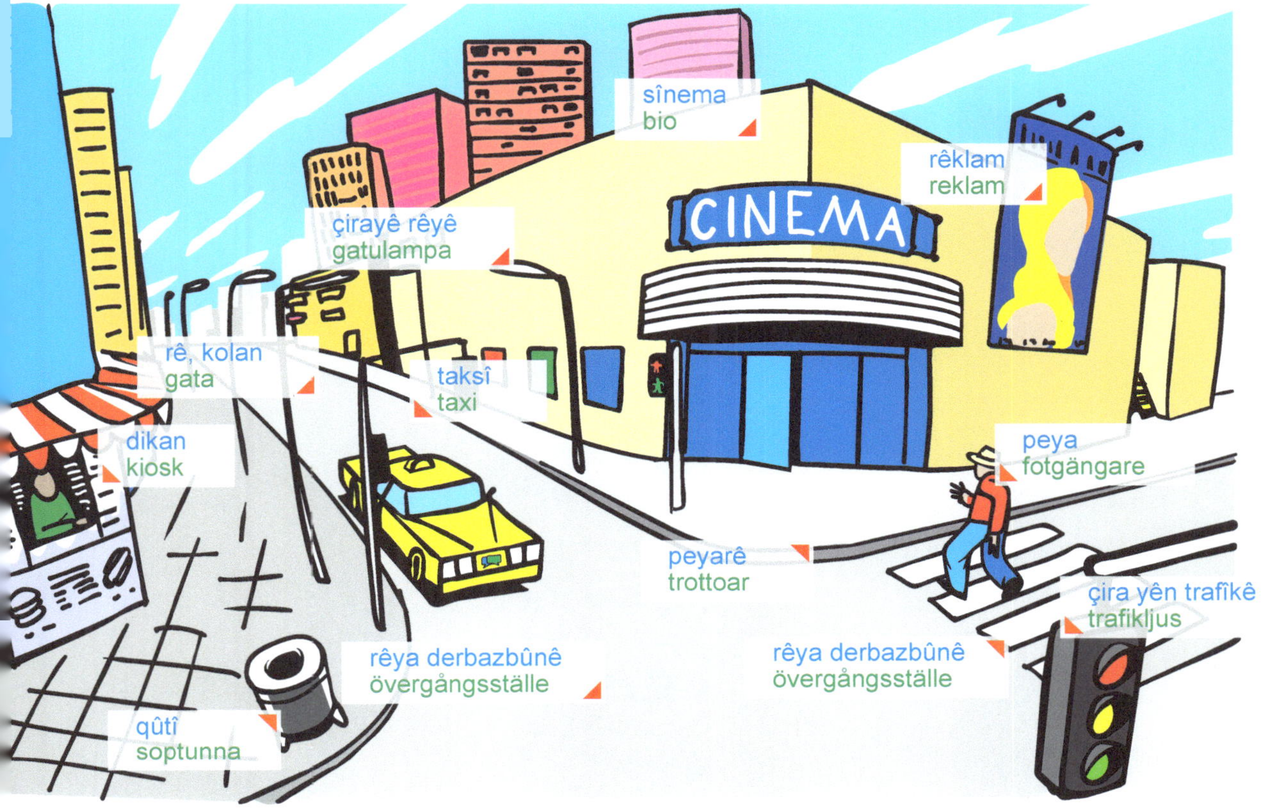

sînema / bio
rêklam / reklam
çirayê rêyê / gatulampa
rê, kolan / gata
taksî / taxi
dikan / kiosk
peya / fotgängare
peyarê / trottoar
çira yên trafîkê / trafikljus
rêya derbazbûnê / övergångsställe
rêya derbazbûnê / övergångsställe
qûtî / soptunna

kox
stuga

xanî
lägenhet

rawesteka trênê
tågstation

telara şarevanî
stadshus

mûzexane
museum

dibistan
skola

bajar - stad

zanîngeh
universitet

bank
bank

nexweşxane
sjukhus

mêvanxane
hotell

dermanxane
apotek

ofîs
kontor

kitêbfiroşî
bokhandel

dikan
affär

gulfiroş
blomsterbutik

bazar
stormarknad

bazar
marknad

supermarket
varuhus

masîfiroş
fiskhandlare

navenda kirrîn
köpcentrum

bender
hamn

bajar - stad

park
park

sekû
bänk

pir
brygga

derince
trappa

jêr erdê
tunnelbana

tunnel
tunnel

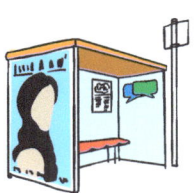

îstgeha otobûs
busshållplats

bar
bar

xwaringeh
restaurang

sindûqa postê
brevlåda

nîşanderka rêyê
gatuskylt

metra parkîngê
parkeringsautomat

baxça heywanan
zoo

hewza melevanî
simbassäng

mizgeft
moské

bajar - stad

cotgeh
bondgård

lewitandina derdor
förorening

goristan
kyrkogård

kenîse
kyrka

erdê leyistinê
lekplats

perestgeh
tempel

tebîet
landskap

- nîşanderka rê / vägskylt
- gela / löv
- rê / väg
- mêrg / äng
- kevir / sten
- dar / träd
- gerok / liftare
- çem / flod
- giya / gräs
- kulîlk / blomma

dol
dal

gir
kulle

gol
sjö

daristan
skog

beyaban
öken

volkan
vulkan

keleh
slott

keskesor
regnbåge

kivark
svamp

darqesp
palm

mixmixk
mygga

mêş
fluga

mêrî
myra

hing
bi

pîrê
spindel

tebîet - landskap

kêzik
skalbagge

beq
groda

sihor
ekorre

jîjok
igelkott

kerguh
hare

pepûk
uggla

çivîk
fågel

qû
svan

berazê kovî
vildsvin

pezkovî
rådjur

pezkovî
älg

bendav
damm

tûrbîna ba
vindkraftverk

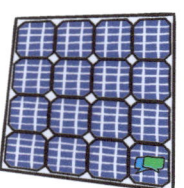
panela xorê
solcellspanel

av û hewa
klimat

tebîet - landskap

xwaringeh
restaurang

serkar / servitör

pêşek / meny

kursî / stol

şorbe / soppa

pîza / pizza

sifre / bordsduk

çetel û çemçik / bestick

xwarina destpêk

förrätt

xwarina serekî

huvudrätt

şêranî

dessert

vexwarinan

drycker

xwarin

mat

cam

flaska

xwarina lez / snabbmat	xwarina rêyê / street food	çaydanik / tekanna
	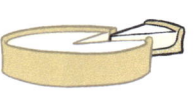	
qûtî şekirê / sockerskål	beş / portion	mekîna çêkirinê espresso / espressomaskin

kursiya bilînd / barnstol	hesab / räkning	sênî / bricka

kêr / kniv	çetel / gaffel	kevçî / sked

kevçiya çay / tesked	pêşgir / servett	qedeh / glas

xwaringeh - restaurang

teyfik	teyfika şorbe	piyale
tallrik	sopptallrik	tefat

çênc	xwêdank	qûtî bîbar
sås	saltkar	pepparkvarn

sêk	rûn	biharat
vinäger	olja	kryddor

ketçap	mustard	mayonêz
ketchup	senap	majonnäs

xwaringeh - restaurang

bazar
stormarknad

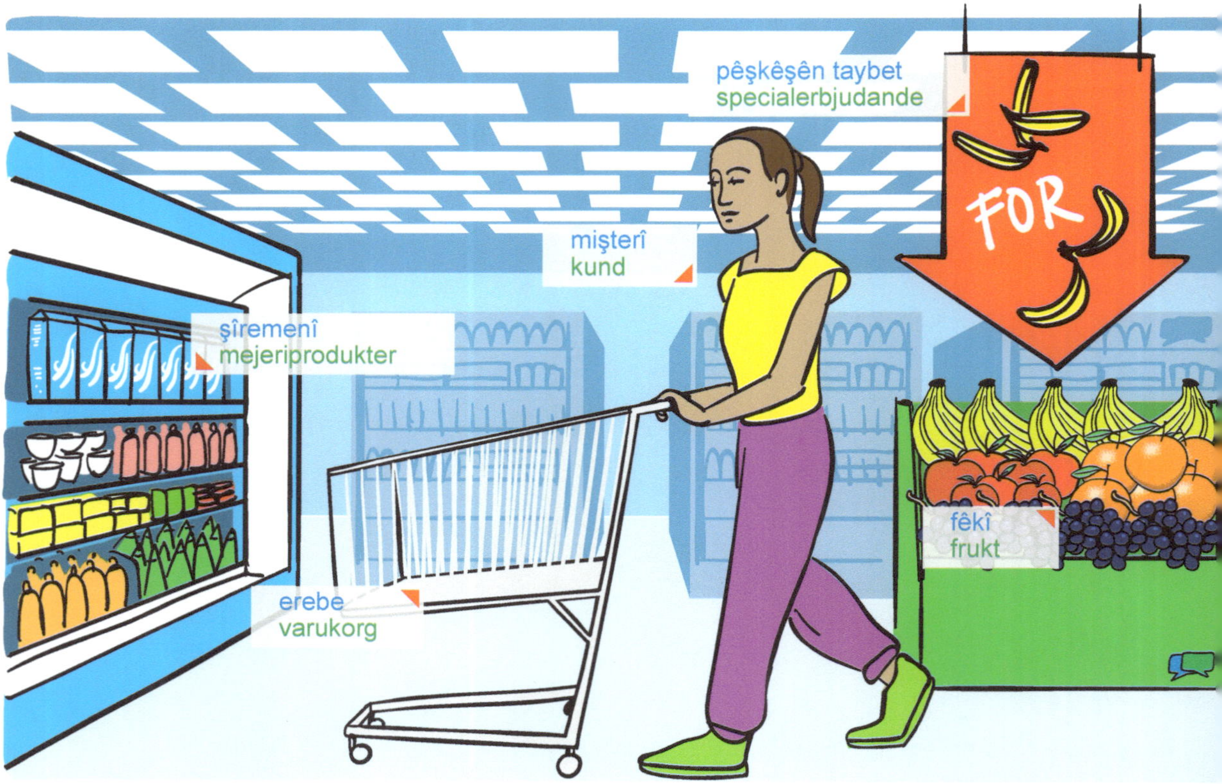

pêşkêşên taybet
specialerbjudande
mişterî
kund
şîremenî
mejeriprodukter
fêkî
frukt
erebe
varukorg
FOR

BUTCHERS

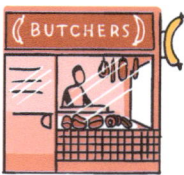

qesabî

charkuteri

BAKERY

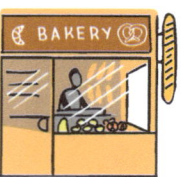

dikana nanpêj

bageri

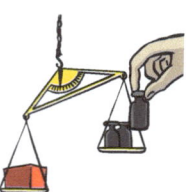

wezin kirin

väga

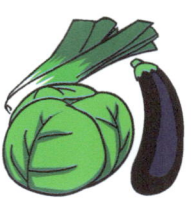

sebze

grönsaker

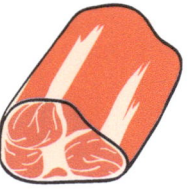

goşt

kött

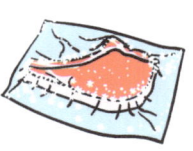

xwarinê cemedî

frysta livsmedel

goştê sar
pålägg

xwarina pîlê
konserver

xubarê paqijkirinê
tvättmedel

şirînî
godis

berhemên navxweyî
hushållsprodukter

berhemên paqijkirinê
rengöringsmedel

firoşyar
försäljare

xeznok
kassa

diravgir
kassör

lîsta kirrînê
inköpslista

demên vekirî
öppettider

cizdan
plånbok

kartê qerzê
kreditkort

çewal
väska

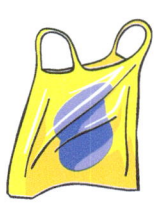
çente
plastpåse

bazar - stormarknad

vexwarinan
drycker

av
vatten

şerbet
juice

şîr
mjölk

komir
cola

şerab
vin

bîra
öl

alkol
alkohol

kakwo
kakao

çay
te

qehwe
kaffe

espresso
espresso

kapoçîno
cappuccino

xwarin
mat

moz
banan

sêv
äpple

pirteqalî
apelsin

gundor
melon

lîmon
citron

gêzer
morot

sîr
vitlök

qamir
bambu

pîvaz
lök

qarçik
svamp

gewîz
nötter

şihîre
nudlar

spagêttî	birinc	selete
spaghetti	ris	sallad

çîps	peteteya biraştî	pîza
pommes frites	stekt potatis	pizza

hamburger	nanok	goştê stûyê berxî
hamburgare	smörgås	schnitzel

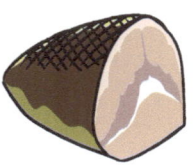  

goştê hişkkirî	salamê	sosîs
skinka	salami	korv

mirîşk	bijartin	masî
kyckling	stek	fisk

xwarin - mat

şorbe bilûl

havregryn

mûslî

müsli

kertên gilgilan

cornflakes

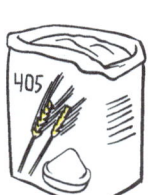

ard

mjöl

croissant

croissant

semûn

fralla

nan

bröd

tost

rostat bröd

nanik

kex

nivîşk

smör

mast

kvarg

kulîçe

kaka

hêk

ägg

hêka qelandî

stekt ägg

penîr

ost

dondirme	şekir	hingiv
glass	socker	honung

mireba	xameya nougat	kurrî
sylt	nougatkräm	curry

cotgeh
bondgård

xaniya çewliga
lantgård

kadîn
ladugård

tepika pûşê
halmbal

zevî
fält

hesp
häst

karwan
trailer

canî
föl

traktor
traktor

ker
åsna

berx
lamm

beran
får

bizin

get

çêlek

ko

golik

kalv

beraz

gris

xinzîrk

griskulting

boxe

tjur

qaz
gås

miravî
anka

cûçik
kyckling

mirîşk
höna

keleşêr
tupp

circ
råtta

kitik
katt

mişk
mus

ga
oxe

kûçik
hund

xaniya kûçikê
hundkoja

xanî baxê
trädgårdsslang

qûtîka avdanê
vattenkanna

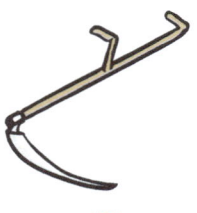
şalûk
lie

gasin
plog

cotgeh - bondgård

das

skära

merbêr

hacka

darsapik

högaffel

bivir

yxa

destgere

skottkärra

qûtî xwarina candaran

tråg

qûtî şîr

mjölkflaska

tûr

säck

çeper

staket

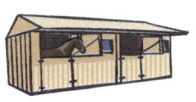

axur

stall

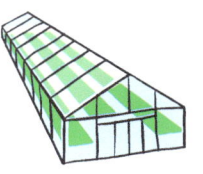

xana kulîlkan

växthus

ax

jord

dendik

säd

peyn

gödsel

kombayn

skördetröska

cotgeh - bondgård

zad
skörda

zad
skörd

petete
jams

genim
vete

fasolî
soja

petete
potatis

dexl
majs

dindik
raps

darê fêkî
fruktträd

sêvê bin erdê
maniok

zad
spannmål

cotgeh - bondgård

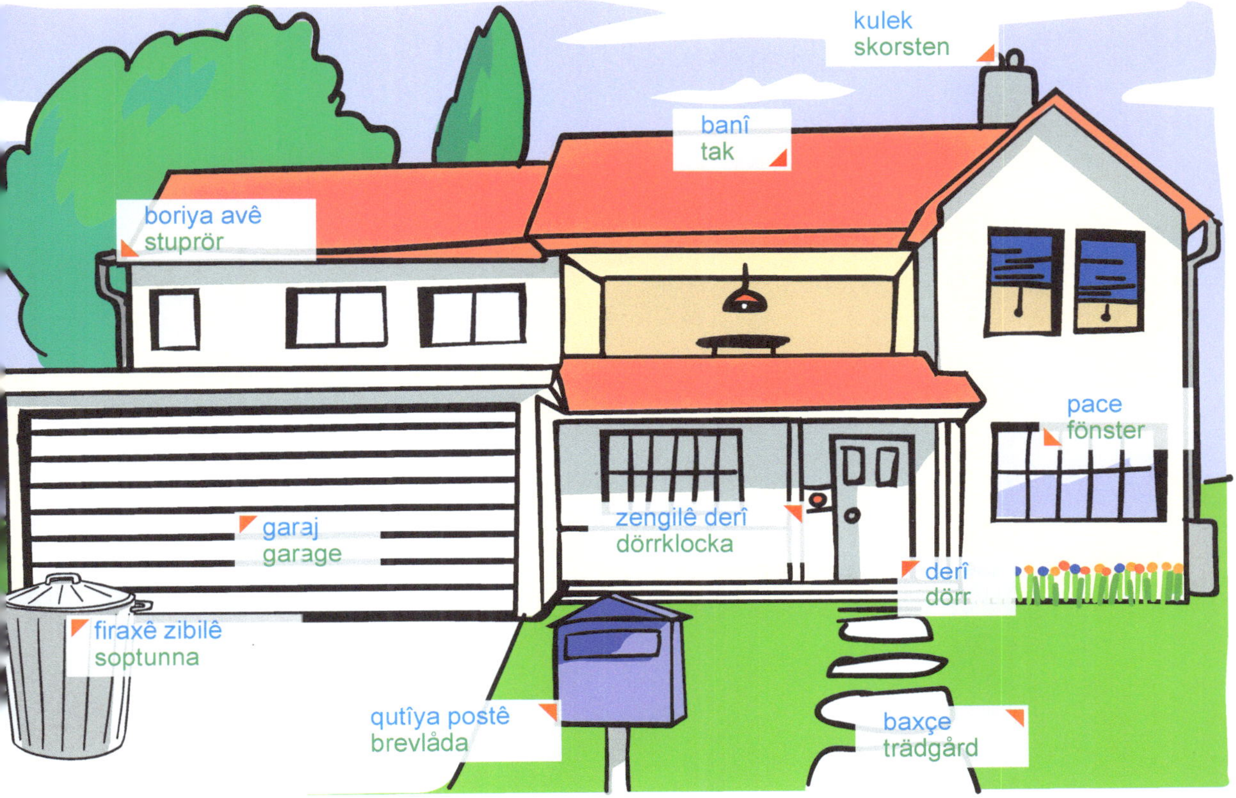

xanî
hus

kulek / skorsten
banî / tak
boriya avê / stuprör
pace / fönster
garaj / garage
zengilê derî / dörrklocka
derî / dörr
firaxê zibilê / soptunna
qutîya postê / brevlåda
baxçe / trädgård

oda rûniştinê
vardagsrum

hemam
badrum

metbex
kök

oda xewê
sovrum

odeya zarok
barnrum

oda şîvê
matsal

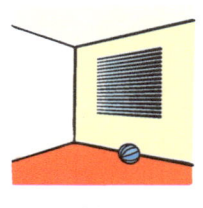

binî
golv

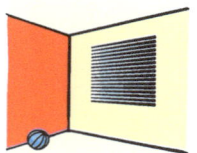

dîwar
vägg

berban
tak

xenzik
källare

sauna
bastu

balkon
balkong

berdanik
terrass

hewza melevanî
bassäng

çîmen birr
gräsklippare

melhefe
lakan

betanî
överkast

nivîn
säng

gezik
kvast

satil
hink

kilîl
strömbrytare

xanî - hus

oda rûniştinê
vardagsrum

- wêne / bild
- kaxezê dîwar / tapet
- lampa / lampa
- ref / hylla
- dolab / skåp
- agirdan / eldstad
- telefîsiyon / TV
- kulîlk / blomma
- serîn / kudde
- qenepe / soffa
- guldank / vas
- kontrola dûr / fjärrkontroll

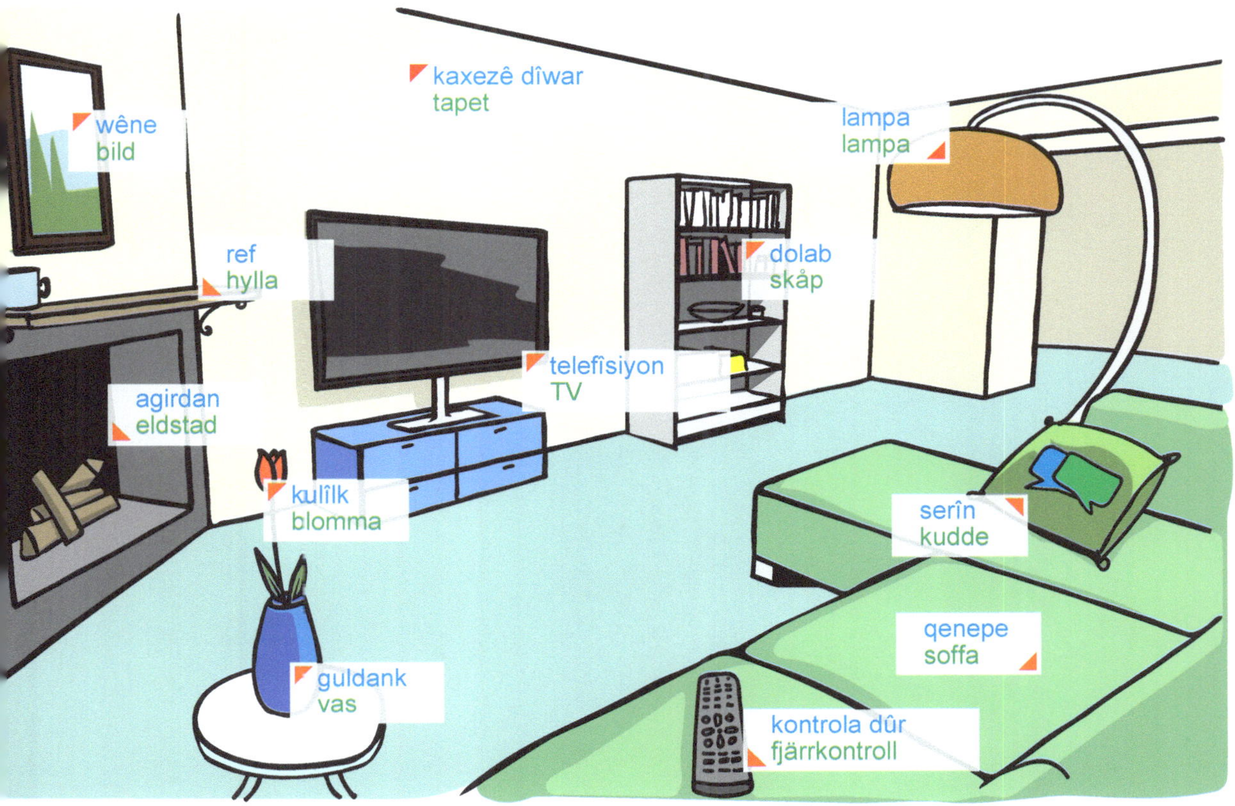

xalîçe
matta

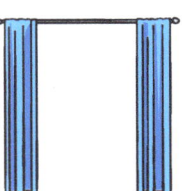

perde
gardin

mêz
bord

kursî
stol

kursiya hejanok
gungstol

kursî
fåtölj

oda rûniştinê - vardagsrum

pirtûk	betanî	xemilandin
bok	filt	dekoration

êzing	fîlm	hi-fi
vedträ	film	stereoanläggning

kilîl	rojname	nîgar
nyckel	dagstidning	målning

poster	radyo	defter
poster	radio	anteckningsbok

sivnika elektrîkî	kaktûs	mom
dammsugare	kaktus	stearinljus

oda rûniştinê - vardagsrum

metbex
kök

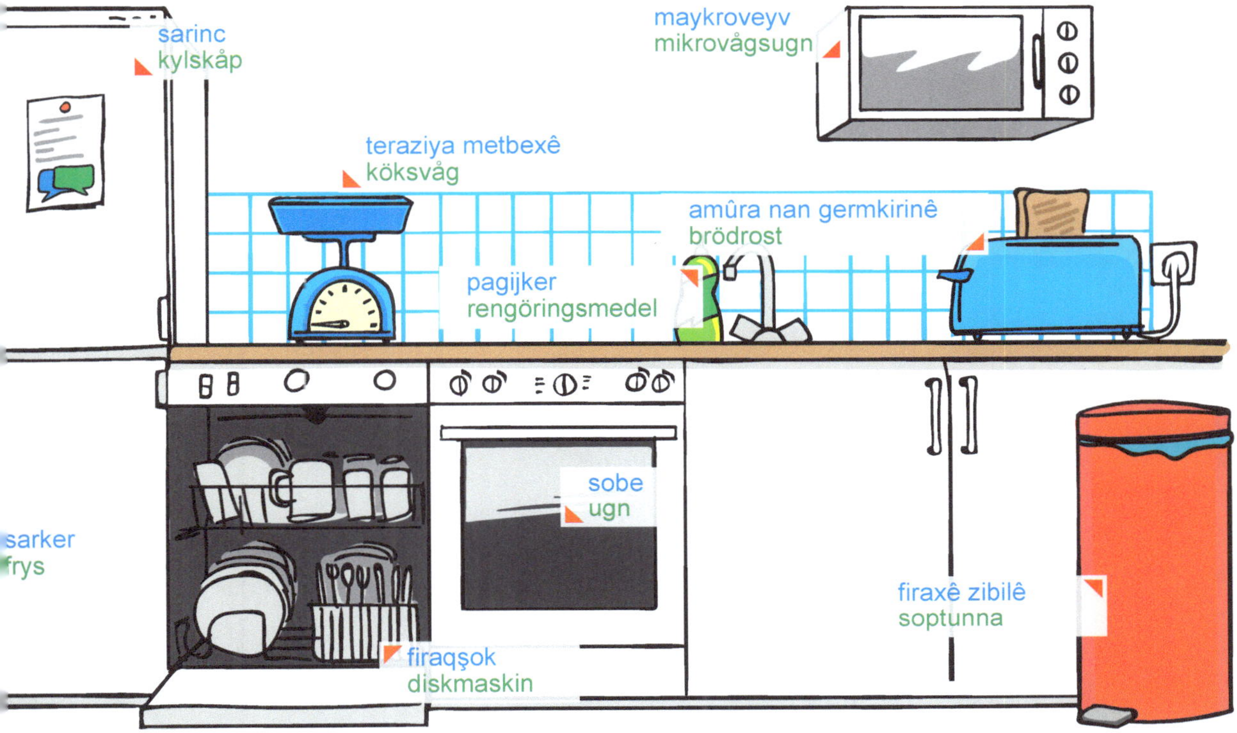

sarinc / kylskåp

maykroveyv / mikrovågsugn

teraziya metbexê / köksvåg

amûra nan germkirinê / brödrost

pagijker / rengöringsmedel

sobe / ugn

sarker / frys

firaxê zibilê / soptunna

firaqşok / diskmaskin

sobe
spis

aman
kastrull

amaê ûtû
järngryta

firaqê mezin
wok / kadai

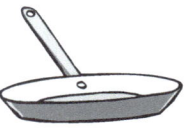

dîzik
stekpanna

kelînk
vattenkokare

firaqê hilmê
ångkokare

sênî nanê
bakplåt

firaq
porslin

piyale
mugg

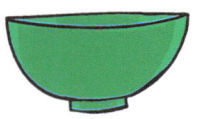
kasik
skål

darê nanxwarin
ätpinnar

hesk
soppslev

kevçiya mezin
stekspade

rînek
visp

kefgîr
durkslag

bêjing
sil

rêşker
rivjärn

destar
mortel

biraştin
grill

agirê vala
brasa

metbex - kök

texteya birrînê
skärbräda

darikê tîrê
kavel

devik badek
korkskruv

qûtî
burk

qûtîvekir
burköppnare

cawê amanan
grytlapp

destşo
vask

firçe
borste

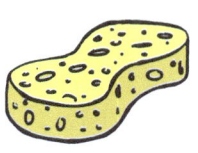
parazoa
svamp

tevdêr
mixer

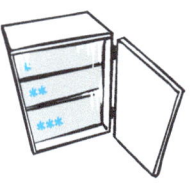
sarkerê cemedî
frys

şûşe bebikan
nappflaska

henefî
kran

metbex - kök

hemam
badrum

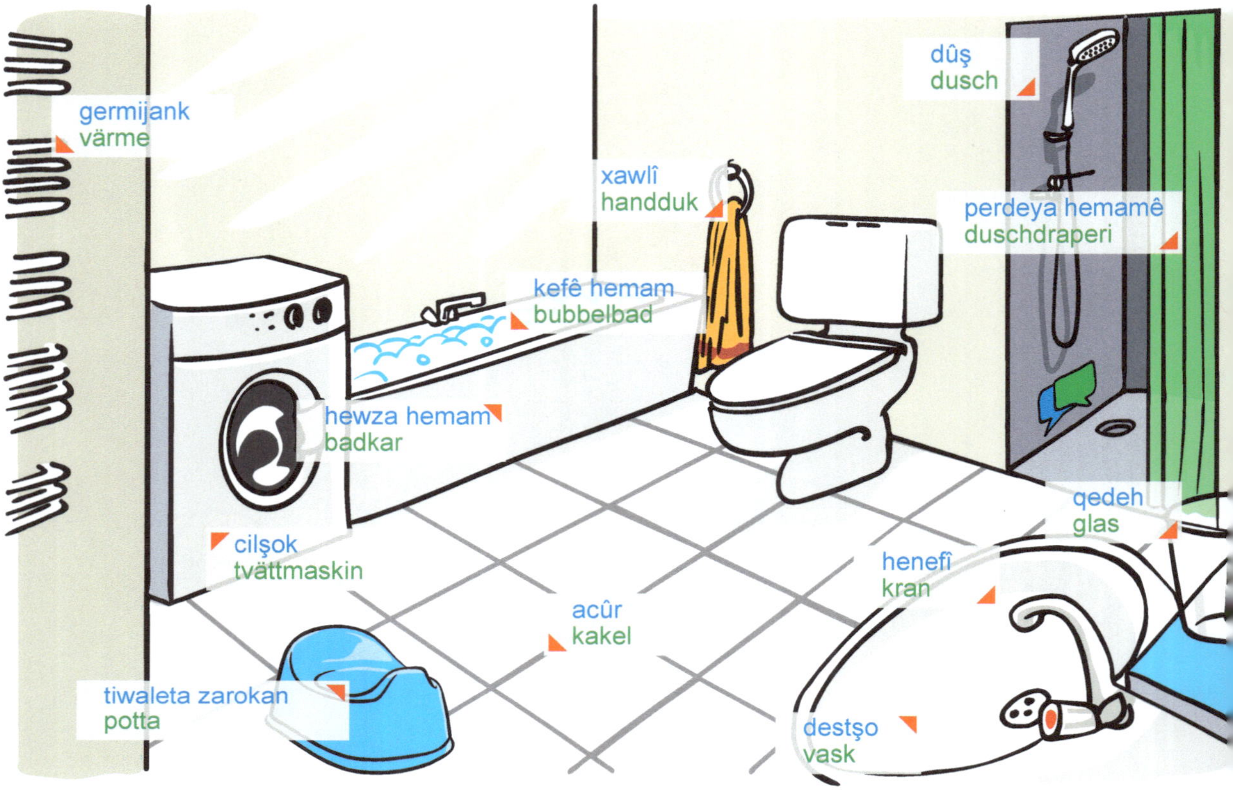

- dûş / dusch
- germijank / värme
- xawlî / handduk
- perdeya hemamê / duschdraperi
- kefê hemam / bubbelbad
- hewza hemam / badkar
- cilşok / tvättmaskin
- acûr / kakel
- qedeh / glas
- henefî / kran
- tiwaleta zarokan / potta
- destşo / vask

tiwalet

toalett

tiwaleta erdê

låg toalett

tiwalet

bidet

avdestxana mêran

pissoar

kaxeza tiwalet

toalettpapper

firşeya tiwalet

toalettborste

firçeya diran
tandborste

mecûna diran
tandkräm

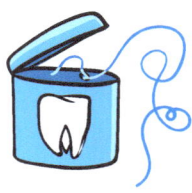
nexa didan
tandtråd

şûştin
tvätta

dûşê destê
handdusch

dûş
intimdusch

destşo
handfat

firça pişt
ryggborste

sabûn
tvål

cêlê hemam
duschgel

şampo
schampo

fanîle
trasa

zêrab
avlopp

kirêm
crème

bêhn xweşkir
deodorant

hemam - badrum

39

mirêk
spegel

mirêka destê
handspegel

gûzan
rakhyvel

kefê teraşînê
raklödder

mecûna piştî teraşînê
rakvatten

şeh
kam

firçe
borste

por hîşikkir
hårtork

sipraya porê
hårspray

kozmetîk
smink

soravk
läppstift

rengê nînok
nagellack

pembû
bomullsvadd

meqesta nînok
nagelsax

parfûm
parfym

çewalê hemamê
necessär

kursiya bêpişt
pall

terazî
våg

kinca hemamê
badrock

lepika lastîkê
gummihandskar

tampon
tampong

xawliya paqijkirinê
binda

tiwaleta kîmîyewî
kemisk toalett

hemam - badrum

odeya zarok
barnrum

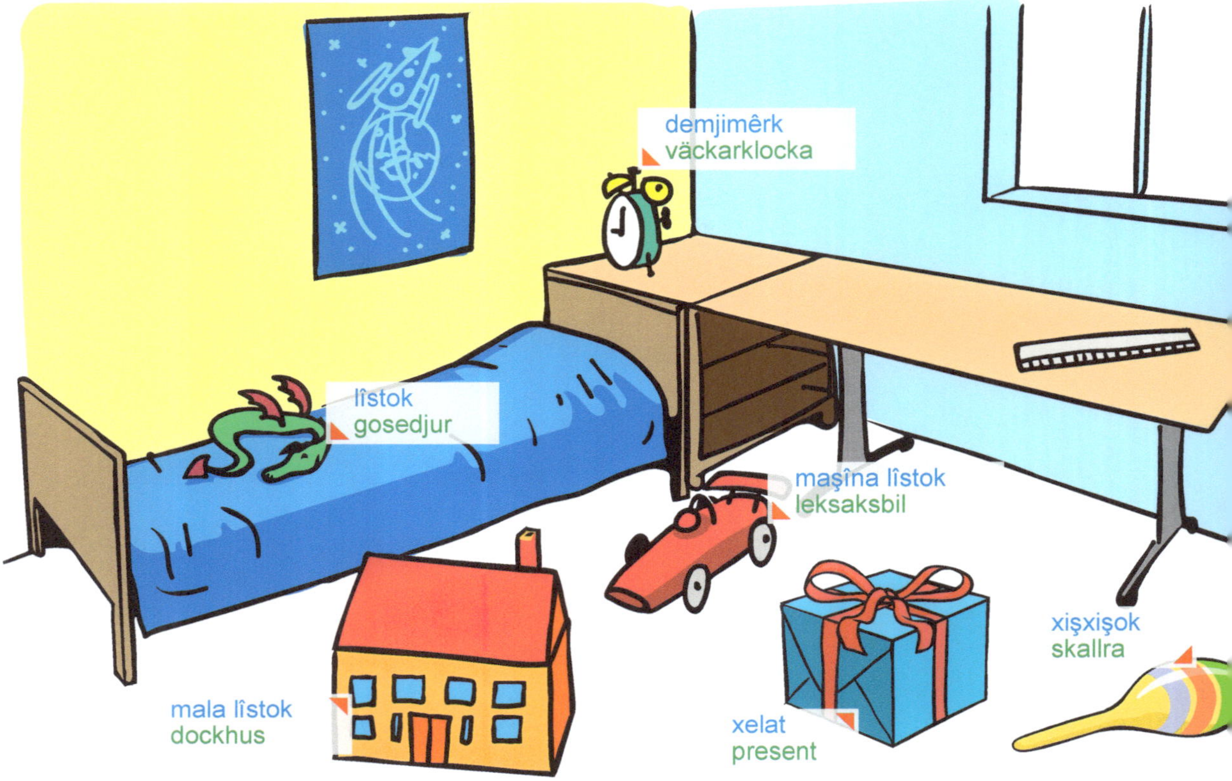

demjimêrk
väckarklocka

lîstok
gosedjur

maşîna lîstok
leksaksbil

xişxişok
skallra

mala lîstok
dockhus

xelat
present

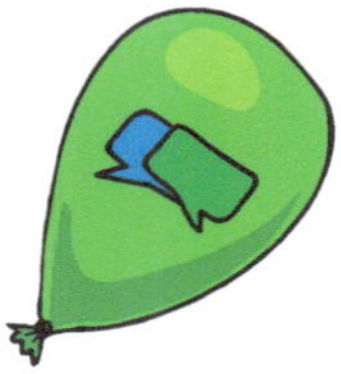

pifdank
ballong

nivîn
säng

koçk
barnvagn

lîstika kartê
kortlek

frîzbî
pussel

komîk
serietidning

acûra lêgo

legobitar

acûra lîstok

klossar

bûke şûşe

actionfigur

kinca bebikan

sparkdräkt

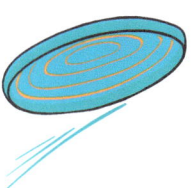

frizbee

frisbee

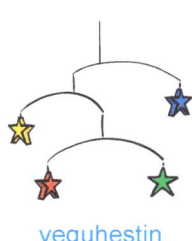

veguhestin

mobil

lîstikên texte

brädspel

mor

tärning

modêla trênê

modelljärnväg

memik

napp

cejn

party

kitêba wêne

bilderbok

top

boll

bûke şûşe

docka

leyîstin

spela

odeya zarok - barnrum

kuna xîzê
sandlåda

colane
gunga

lîstokan
leksaker

lîstika vîdeoyî
spelkonsol

sêçerxe
trehjuling

hirça lîstok
nalle

cildank
garderob

kinc
kläder

gore
sockar

gore
strumpor

derpêgorê
tights

kinc - kläder

cendek
body

pantol
byxor

jeans
jeans

daman
kjol

kiras
blus

kiras
skjorta

fanêle
pullover

fanêle
sweater

cakêt
blazer

sako
jacka

çaket
kappa

baranî
regnjacka

lebas
dräkt

fîstan
klänning

cilê dawetê
bröllopsklänning

kinc - kläder

kostum
kostym

pêcame
nattlinne

pêcame
pyjamas

saree
sari

leçik
slöja

mêzer
turban

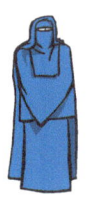

hêram
burka

kaftan
kaftan

eba
abaya

kinca ajnêkirin
baddräkt

cilka melevanî
badbyxor

şort
shorts

cila hêvojkarî
träningsoverall

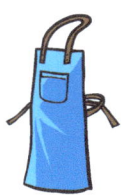

pêşmal
förkläde

lepik
handskar

kinc - kläder

dûgme
knapp

berçavik
glasögon

bazin
armband

gerdenî
halsband

gustîl
ring

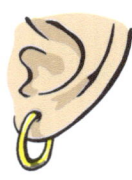

guhark
örhänge

devik
mössa

hilavistek
galge

kûm
hatt

kirawat
slips

zîp
dragkedja

serparêz
hjälm

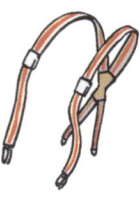

derzî
hängslen

kinca dibistanê
skoluniform

yûnîform
uniform

kinc - kläder

berdilk	memik	pundax
haklapp	napp	blöja

ofîs
kontor

- pêşkeşker / server
- dolabê belge / dokumentskåp
- çaper / skrivare
- axez / papper
- nîşander / bildskärm
- mişk / mus
- mase / skrivbord
- efter / napp
- klavye / tangentbord
- sepeta kaxezê / papperskorg
- komputer / dator
- kursî / stol

kasika qehwe	hesabker	înternet
kaffemugg	miniräknare	internet

ofîs - kontor

komputera laptop

bärbar dator

name

brev

peyam

meddelande

telefona mobîl

mobiltelefon

tor

nätverk

mekîna fotokopî

kopieringsapparat

software

programvara

telefon

telefon

socketa fîşek

vägguttag

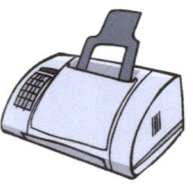
mekîna faxê

fax

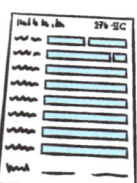
form

blankett

belge

dokument

aborî
ekonomi

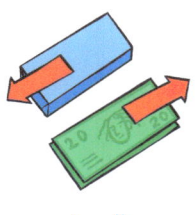  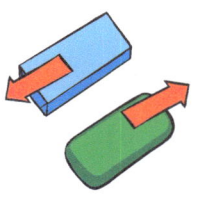

standin · köpa | pere dan · betala | bazirganî · handla

pere · pengar | dollar · dollar | yoro · euro

 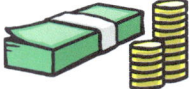 

yenê Japonê · yen | roblê Rûsî · rubel | firankê Swîsê · schweizisk franc

yuanê Çînê · renminbi yan | rûpee Hindî · rupie | mekîna jixwebera dirav · bankomat

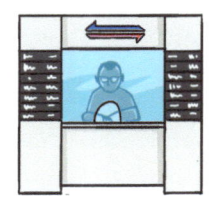
ofîsa pere veguhartinê
växelkontor

zêrr
guld

zîv
silver

neft
olja

wize
energi

biha
pris

peyman
kontrakt

tax
skatt

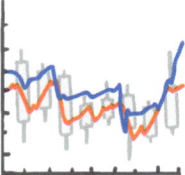
seham
aktie

karkirin
arbeta

karker
anställd

karda
arbetsgivare

fabrîka
fabrik

dikan
affär

aborî - ekonomi

profesyon
yrken

polîs / polis
agirkuj / brandman
aşbaz / kock
bijîşk / läkare

baxçevan
trädgårdsmästare

necar
snickare

dirûnvan
sömmerska

hakim
domare

şîmyazan
kemist

şanoger
skådespelare

şufêrê basê

busschaufför

şufêrekî taksiyê

taxichaufför

masîvan

fiskare

pagijker

städerska

çêkirê banî

takläggare

berkar

servitör

nêçirvan

jägare

rengrês

målare

nanpêj

bagare

karebavan

elektriker

avaker

byggarbetare

endezyar

ingenjör

qesab

slaktare

lûlekar

rörmokare

postevan

brevbärare

profesyon - yrken

esker
soldat

mîmar
arkitekt

diravgir
kassör

firotkara çîçekan
florist

porçêker
frisör

ajovan
konduktör

mekanîk
mekaniker

keştîvan
kapten

pizîşka didanan
tandläkare

zanistyar
vetenskapsman

rûhan
rabbin

îmam
imam

keşe
munk

keşîş
präst

amûran
verktyg

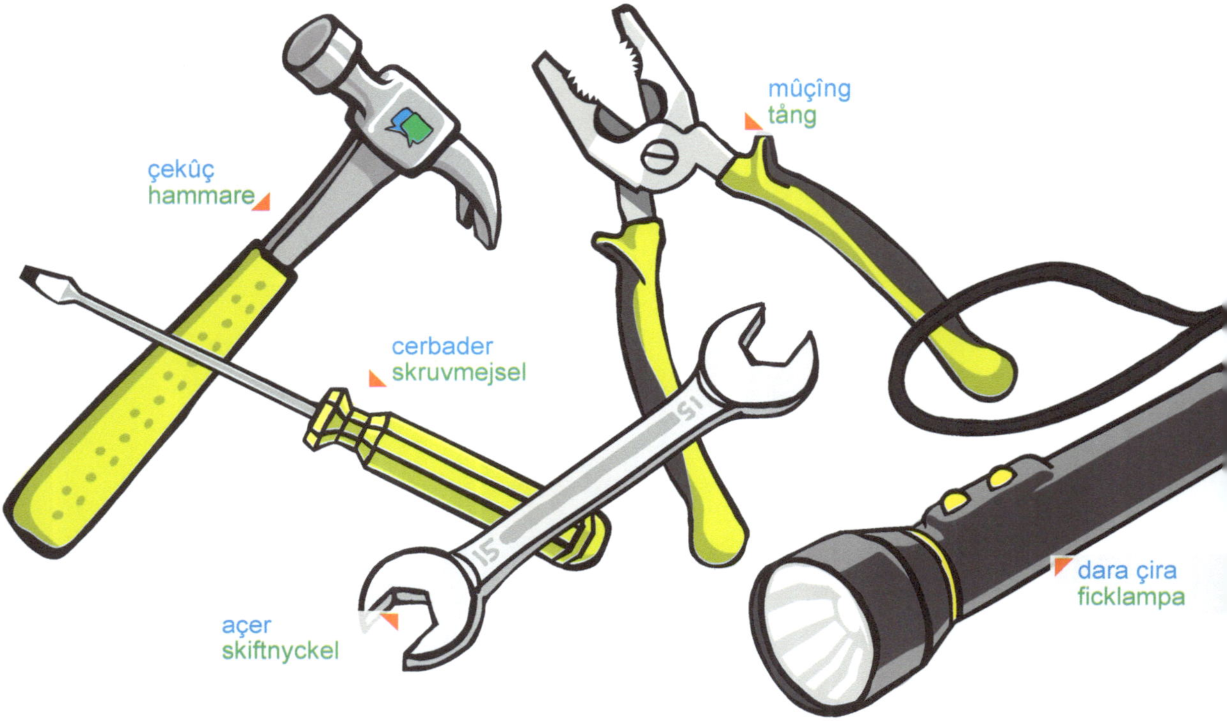

çekûç
hammare

mûçîng
tång

cerbader
skruvmejsel

açer
skiftnyckel

dara çira
ficklampa

şofel
grävmaskin

qûtiya amûran
verktygslåda

peyje
stege

mişar
såg

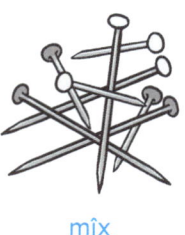

mîx
spik

qulkirin
borr

çêkirin
reparera

merbêr
spade

nalet!
Helvete!

bêl
sopskyffel

qûtiya rengê
färgburk

cerr
skruvar

amûrên mûzîkê
musikinstrument

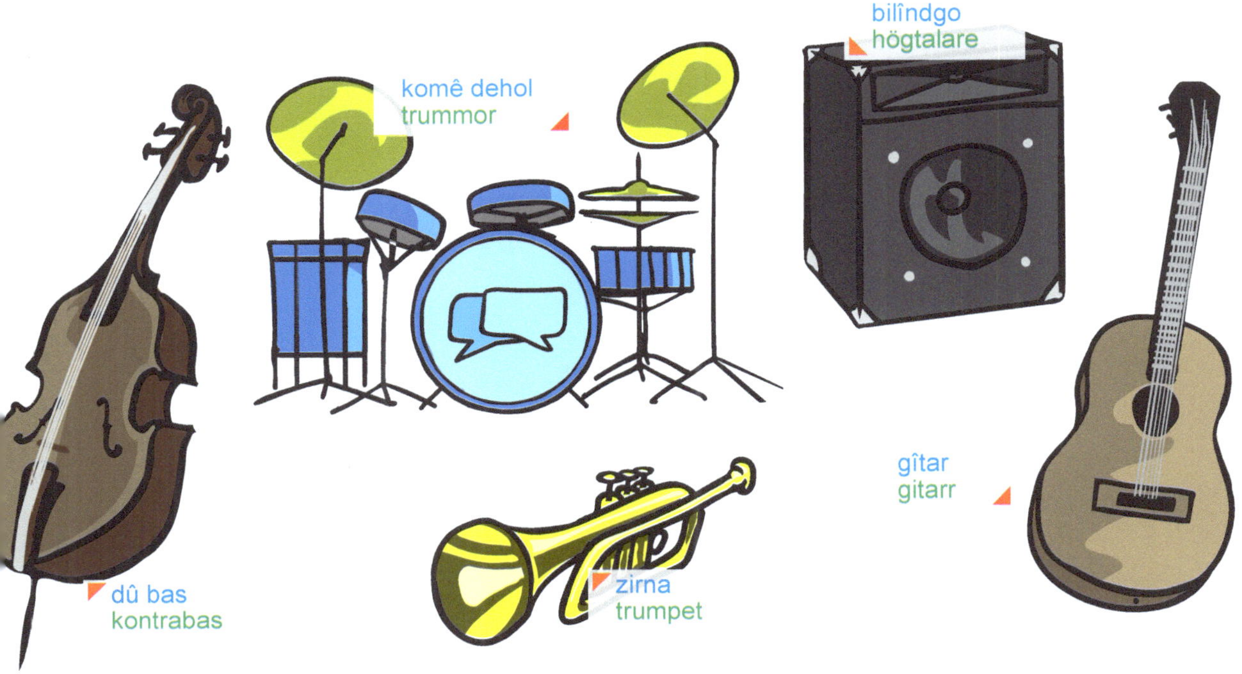

komê dehol
trummor

bilîndgo
högtalare

gîtar
gitarr

dû bas
kontrabas

zirna
trumpet

piyano

piano

viyolîn

violin

bas

bas

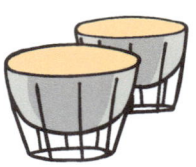

dehol

timpani

dahol

trumma

keyboard

keyboard

saksofon

saxofon

bilûr

flöjt

mîkrofon

mikrofon

amûrên mûzîkê - musikinstrument

baxça heywanan
zoo

piling / tiger

navder / ingång

xwarina heywan / djurfoder

panda / panda

heywan
djur

fîl
elefant

kangarû
känguru

kerkeden
noshörning

gorîl
gorilla

hirç
björn

baxça heywanan - zoo

hêştir

kamel

hêştirme

struts

şêr

lejon

meymûn

apa

flamîngo

flamingo

papaxan

papegoja

hirça cemserî

isbjörn

penguîn

pingvin

semasî

haj

tawûs

påfågel

mar

orm

timsah

krokodil

parêzera baxça ajalan

djurskötare

seya derya

säl

piling

jaguar

baxça heywanan - zoo

hesp
ponny

piling
leopard

hespê rûbar
flodhäst

canhêştir
giraff

helo
örn

berazê kovî
vildsvin

masî
fisk

kûsî
sköldpadda

walras
valross

rovî
räv

xezal
gazell

baxça heywanan - zoo

werziş
sport

çalakiyan
aktiviteter

- hilpeke / hoppa
- kenîn / skratta
- hembêz krama
- lawje gutin / sjunga
- birêveçûn / gå
- nimêj kirin / be
- maçkirin / kyssa
- xewn dîtin / drömma

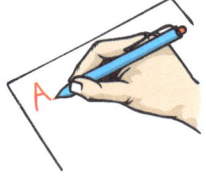
nivîsandin
skriva

nîgar kêşan
rita

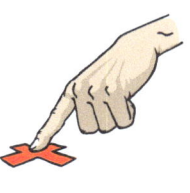
nîşan dan
visa

paldan
skjuta

dayîn
ge

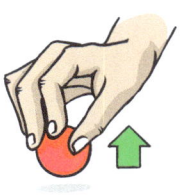
rakirin
ta

çalakiyan - aktiviteter

heyîn
hagel

kirin
göra

bûn
vara

sekinîn
stå

bazdan
springa

kişandin
dra

avêtin
kasta

ketin
falla

derew kirin
ligga

sekinîn
vänta

guhêztin
bära

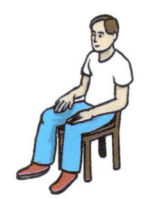
rûniştin
sitta

cil berkirin
klä på

razan
sova

rabûn
vakna

çalakiyan - aktiviteter

mêze kirin
se på

girîn
gråta

celte
smeka

şe kirin
kamma

peyvîn
prata

famkirin
förstå

pirskirin
fråga

bihîstin
höra

vexwarin
dricka

xwarin
äta

kom kirin
städa

hezkirin
älska

xwarin çêkirin
laga mat

ajotin
köra

firrîn
flyga

çalakiyan - aktiviteter

kesştîvanî
segla

hesibandin
räkna

xwandin
läsa

hînbûn
lära sig

karkirin
arbeta

zewicîn
gifta sig

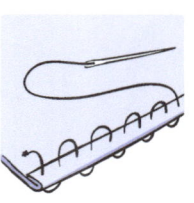
dirûtin
sy

didan şûtin
borsta tänderna

kuştin
döda

dûxan
röka

şandin
skicka

çalakiyan - aktiviteter

malbat
familj

dapîr / mor/farmor

bapîr / morfar/farfar

bav / pappa

dê / mamma

bebek / baby

keç / dotter

kur / son

mêvan
gäst

met
moster/faster

ap/xal
farbror/morbror

bira
bror

xwişl
syster

malbat - familj 67

beden
kropp

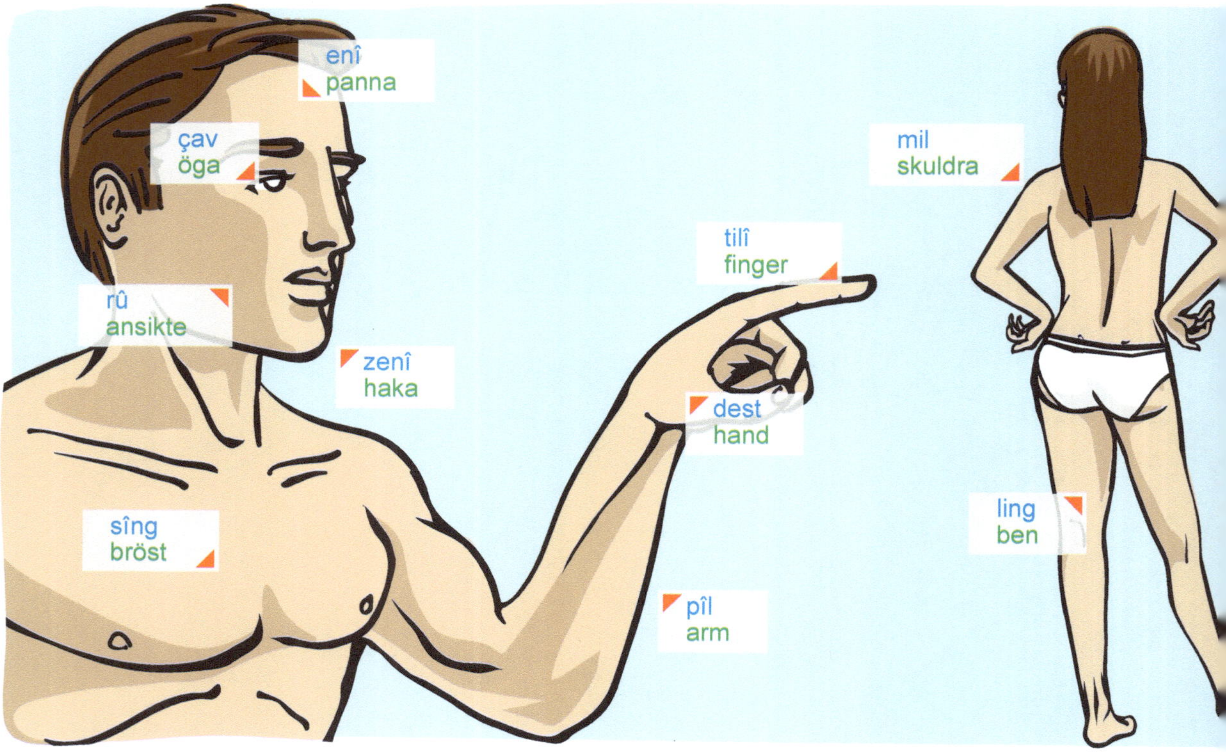

enî / panna
çav / öga
rû / ansikte
zenî / haka
sîng / bröst
tilî / finger
dest / hand
pîl / arm
mil / skuldra
ling / ben

bebek
baby

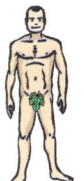
mêr
man

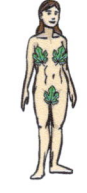
jin
kvinna

keç
flicka

kor
pojke

ser
huvud

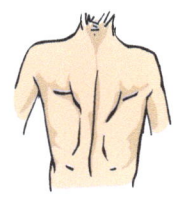

pişt

rygg

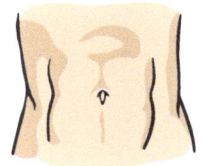

zik

mage

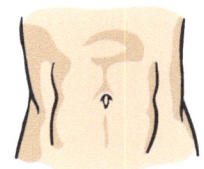

navik

navel

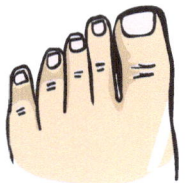

tilîya pê

tå

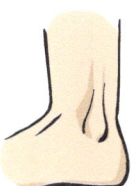

panî

häl

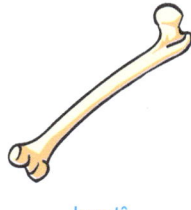

hestî

ben

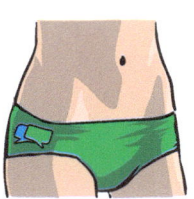

kûlîmek

höft

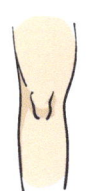

jûnî

knä

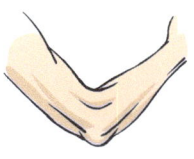

enîşk

armbåge

difn

näsa

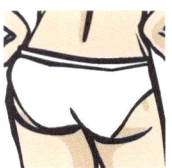

qûn

stjärt

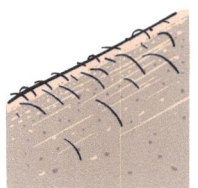

çerm

hud

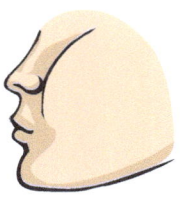

rû

kind

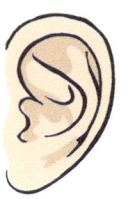

gûh

öra

lêv

läpp

beden - kropp

dev	diran	ziman
mun	tand	tunga

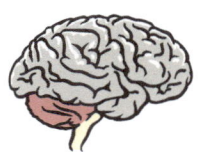

mêjî	dil	masûl
hjärna	hjärta	muskel

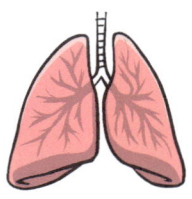
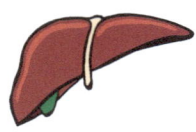
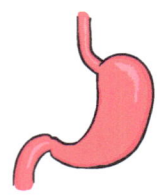

cîgera spî	ceger	made
lunga	lever	magsäck

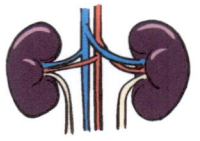

gûrçikan	cotbûn	kondom
njurar	sex	kondom

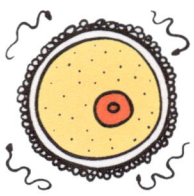

hêk	tov	dûcanî
äggcell	sperma	graviditet

beden - kropp

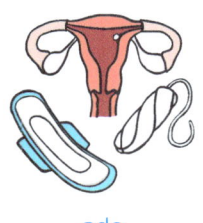
ade
menstruation

qûz
vagina

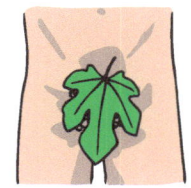
kîr
penis

birû
ögonbryn

por
hår

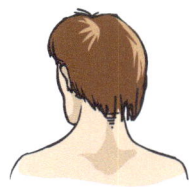
hûstû
nacke

beden - kropp

nexweşxane
sjukhus

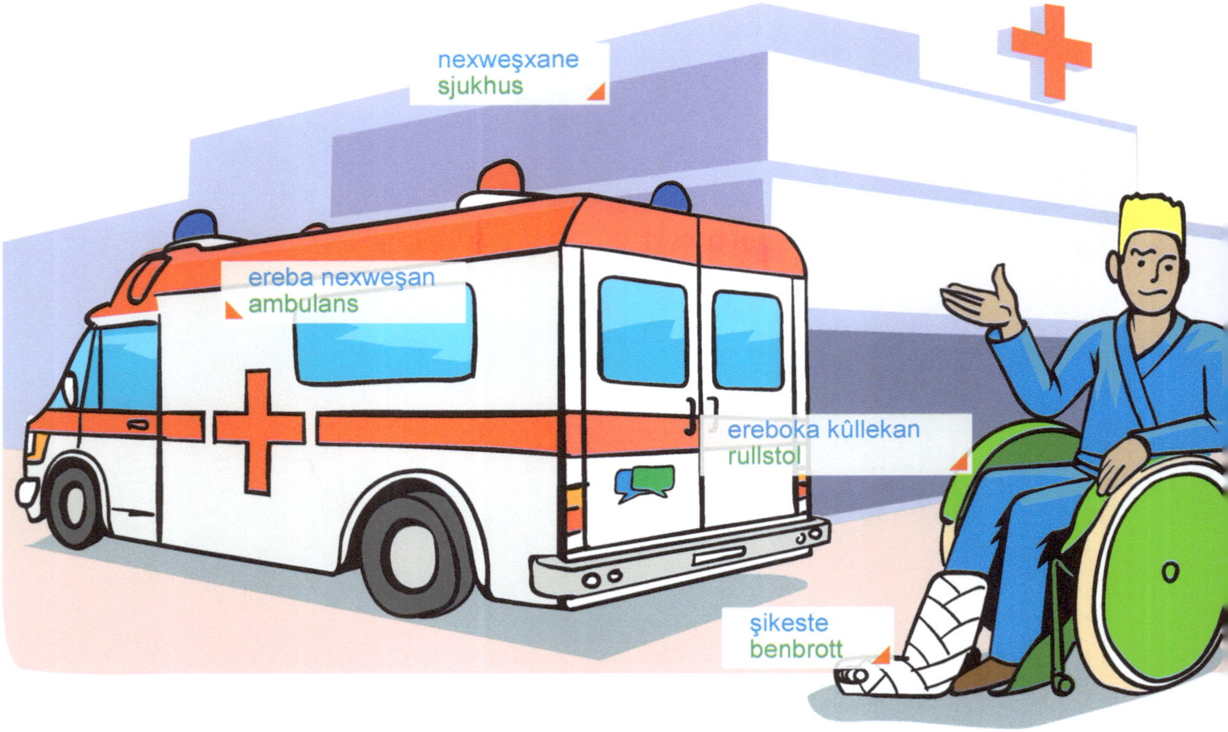

nexweşane
sjukhus

ereba nexweşan
ambulans

ereboka kûllekan
rullstol

şikeste
benbrott

bijîşk

läkare

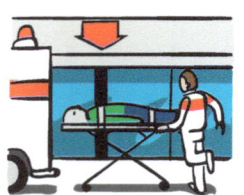

oda lezgînê

akutmottagning

nexweşyar

sjuksköterska

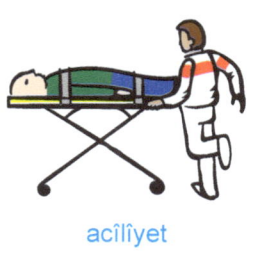

acîlîyet

nödsituation

bêhay

medvetslös

êş

smärta

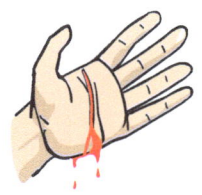
birîn
skada

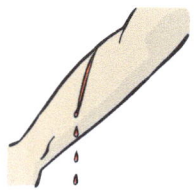
xwînpijan
blödning

hêrişa dilî
hjärtattack

celte
slaganfall

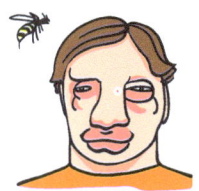
alerjî
allergi

kuxik
hosta

ta
feber

zikam
influensa

navçûyin
diarré

serêş
huvudvärk

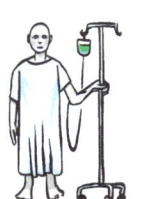
qansêr
cancer

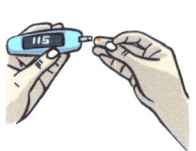
nexweşiya şekirê
diabetes

emelîkar
kirurg

skalpêl
skalpell

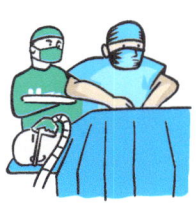
emelî
operation

nexweşxane - sjukhus

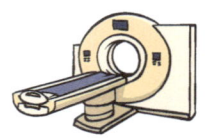
CT
CT

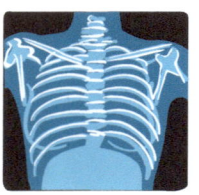
sûretê rontgên
röntgen

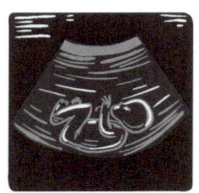
ûltrasawnd
ultraljud

maskê rûyê
ansiktsmask

nexweşî
sjukdom

oda sekinînê
väntsal

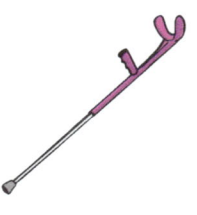
goçan
krycka

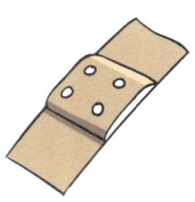
şêl
plåster

paçê birînpêçanê
bandage

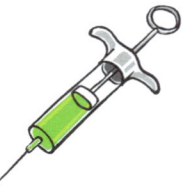
derzî
injektion

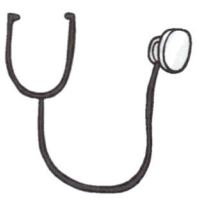
bîstoka pizîşkî
stetoskop

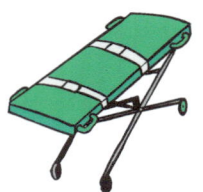
darbest
bår

têhnpîva klînîkê
termometer

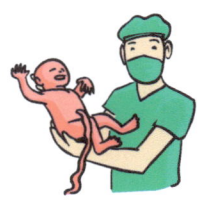
zayîn
födsel

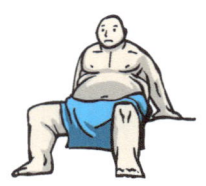
qelew
övervikt

nexweşxane - sjukhus

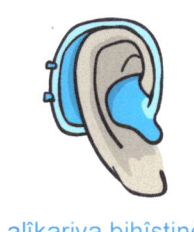
alîkariya bihîstinê
hörapparat

bakterîkuj
desinfektionsmedel

kotîbûn
infektion

vîrûs
virus

HIV / AIDS
HIV / AIDS

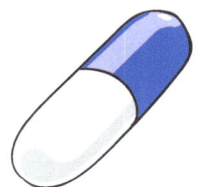
derman
medicin

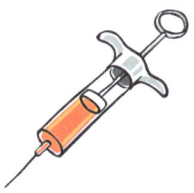
kutan
vaccination

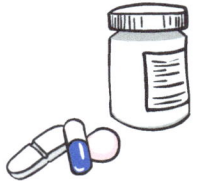
heban
tabletter

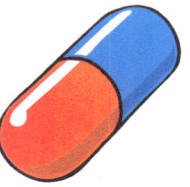
heb
p-piller

lezgîn
nödsamtal

dîmenderê pesto xwîn
blodtrycksmätare

nexweş / sax
sjuk / frisk

nexweşxane - sjukhus

acîlîyet
nödsituation

Hewar!
Hjälp!

alarm
alarm

êrîş
överfall

êrîşkirin
misshandel

talûk
fara

derketina acil
nödutgång

agir!
Det brinner!

agir vemirandinê
brandsläckare

qeza
olycka

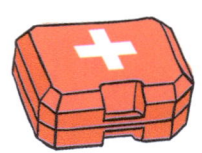
aletên alîkariya yekem
förbandslåda

SOS
SOS

polîs
polis

erd
Jorden

Ewropa

Europa

Amerîkaya Bakûr

Nordamerika

Amerîkaya Başûr

Sydamerika

Afrîka

Afrika

Asya

Asien

Awustralya

Australien

Atlantîk

Atlanten

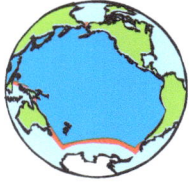

Okyanûsa Mezin

Stilla Havet

Okyanûsa Hindî

Indiska Oceanen

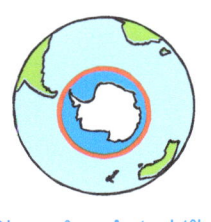

Okyanûsa Antarktîka

Antarktiska Oceanen

Okyanûsa Arktîk

Arktiska Oceanen

Cemsera Bakûr

Nordpol

Cemsera Başûr — Sydpol
Antarktîka — Antarktis
erd — Jorden

ax — land
behir — hav
dûrge — ö

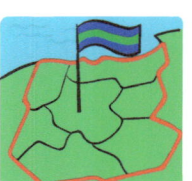 

milllet — nation
welat — stat

saet
klocka

rûyê saet
urtavla

nişanderka demjimêr
timvisare

nişanderka deqe
minutvisare

nişanderka saniye
sekundvisare

Seet çende?
Vad är klockan?

roj
dag

dem
tid

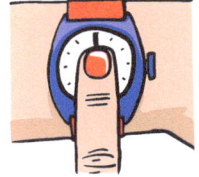
niha
nu

saetê dicîtal
digital klocka

deqe
minut

seet
timme

hefte
vecka

dûşem / måndag
sêşem / tisdag
çarşem / onsdag
pêncşem / torsdag
în/heynî / fredag
şemî / lördag
yêkşem / söndag

duh
igår

îro
idag

sibey
imorgon

sibe
morgon

nîvro
middag

êvar
kväll

rojên karê
vardagar

dawiya hefte
helg

sal
år

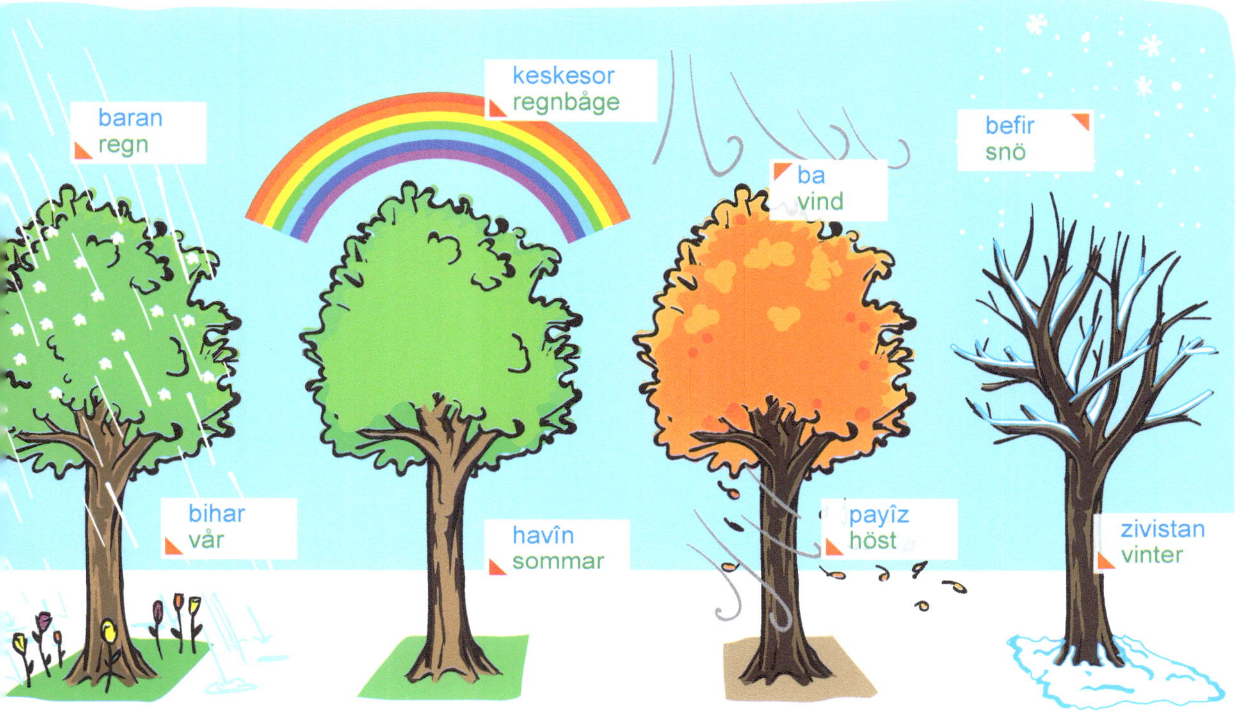

baran / regn
keskesor / regnbåge
ba / vind
befir / snö
bihar / vår
havîn / sommar
payîz / höst
zivistan / vinter

pêşbîniya hewa

väderprognos

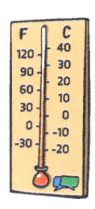

tehnpîv

termometer

tav

solsken

hewr

moln

mij

dimma

hêmî

luftfuktighet

birq
blixt

brûsk
åska

tofan
storm

terg
hagel

mansûn
monsun

lehî
översvämning

cemed
is

rêbendan
januari

reşeme
februari

newroz
mars

gulan
april

cozerdan
maj

pûşper
juni

gelawêj
juli

xermanan
augusti

sal - år

rezber
september

kewçêr
oktober

sermawez
november

befranbar
december

şêwe
former

çember
cirkel

çarçik
kvadrat

çarqozî
rektangel

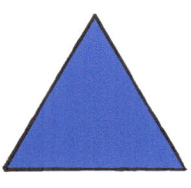
sêqozî
triangel

qada
sfär

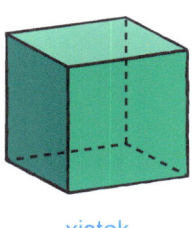
xiştek
kub

rengan
färger

sipî
vit

zer
gul

pirteqalî
orange

pembe
rosa

sor
röd

mor
lila

şîn
blå

kesik
grön

qehweyî
brun

gewr
grå

reş
svart

beramberan
motsatser

zor / kêm

mycket / lite

bi hêrs / bêdeng

arg / lugn

bedew / nerind

vacker / ful

destpêk / dawî

början / slut

mezin / biçûk

stor / liten

ronî / tarî

ljus / mörk

brak / xwişk

bror / syster

pagij / girêj

ren / smutsig

tevî / netemam

komplett / ofullständig

roj / şev

dag / natt

mirî / zindî

död / levande

fire / teng

bred / smal

xweş / nexweş

ätlig / oätlig

nebaş / baş

ond / god

bi heyecan / aciz

upphetsad / uttråkad

qelew / zirav

tjock / smal

yekemîn / dawîn

först / sist

heval / dijmin

vän / fiende

tijî / vala

full / tom

req / nerm

hård / mjuk

giran / sivik

tung / lätt

birçî / tînî

hunger / törst

nexweş / sax

sjuk / frisk

neqanûnî / qanûnî

olaglig / laglig

rewşenbîr / balûle

intelligent / dum

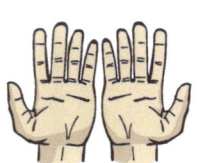

çep / rast

vänster / höger

nêzî / dûr

nära / långt bort

nû / bikarhatî

ny / begagnad

hîç / tiştek

inget / något

kal / ciwan

gammal / ung

li / ji

på / av

vekirî / girtî

öppen / stängd

aram / dengbilind

tyst / högljudd

dewlemend / reben

rik / fattig

rast / şaş

rätt / fel

dirr / hilû

grov / slät

xemgîn / şa

ledsen / glad

kurt / dirêj

kort / lång

hêdî / zû

långsam / snabb

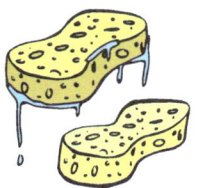

şil / ziwa

våt / torr

germ / hênik

varm / sval

şerr / aşitî

krig / fred

beramberan - motsatser

hejmaran
siffror

0
sifir
noll

1
yek
ett

2
dû
två

3
sê
tre

4
çar
fyra

5
pênc
fem

6
şeş
sex

7
heft
sju

8
heşt
åtta

9
neh
nio

10
deh
tio

11
yazde
elva

12 dazde / tolv

13 sêzde / tretton

14 çarde / fjorton

15 pazde / femton

16 şazde / sexton

17 hefde / sjutton

18 hejde / arton

19 nozdeh / nitton

20 bîst / tjugo

100 sed / hundra

1.000 hezar / tusen

1.000.000 milyon / miljon

hejmaran - siffror

zimanan
språk

Inglîzî
engelska

Inglîziya Amerîkî
amerikansk engelska

Çînî Mandarîn
kinesisk mandarin

Hindî
hindi

Îspanyolî
spanska

Frensî
franska

Erebî
arabiska

Rûsî
ryska

Portugalî
portugisiska

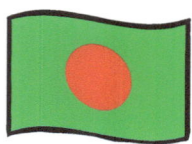
Bengalî
bengali

Elmanî
tyska

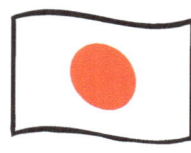
Japonî
japanska

kî / çi / çawa
vem / vad / hur

min
jag

tu
du

ew / ev / ew
han / hon / den (det)

em
vi

tu
ni

ew
de

kî?
vem?

çi?
vad?

çawa?
hur?

kû?
var?

kengî?
när?

nav
namn

kû
var

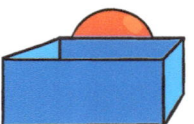

piştî
bakom

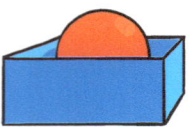

li
i

pêşî
framför

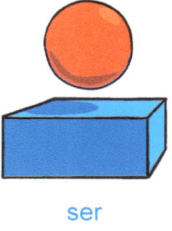

ser
över

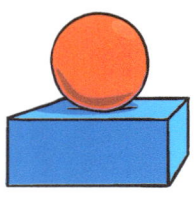

ser
på

bin
under

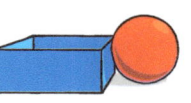

kêlek
bredvid

navber
mellan

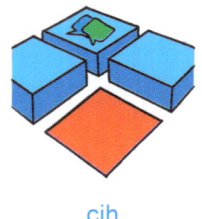

cih
plats